Sind Sie auch im Quiz-Fieber?

Mit den 150 Fragen und kommentierten Antworten aus Wirtschaft, Politik, Wissenschaft, Sport und Kultur können Sie Ihr Allgemeinwissen erweitern und sich gegenseitig testen. Ganz entspannt und einfach mal so zwischendurch! Pocket-Quiz ist ideal für zu Hause und unterwegs, da es in jede Hosentasche passt.

Lösung

Nur aus der Bastelanleitung 3 kann man den abgebildeten Würfel basteln.

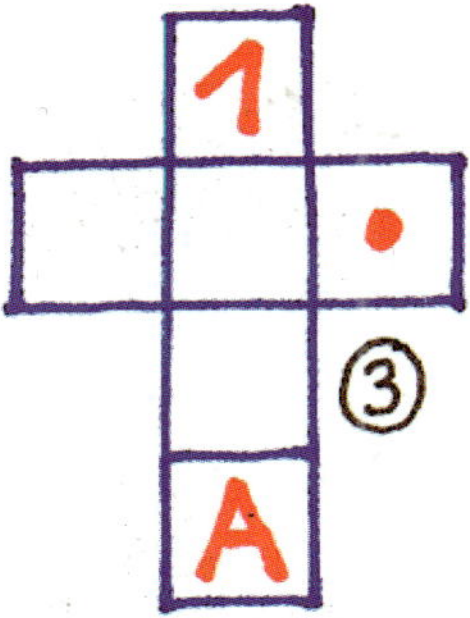

Aufgabe

Hier sieht man einen Würfel und vier Bastelanleitungen.

Aus welcher Bastelanleitung kann man den gezeichneten Würfel basteln?

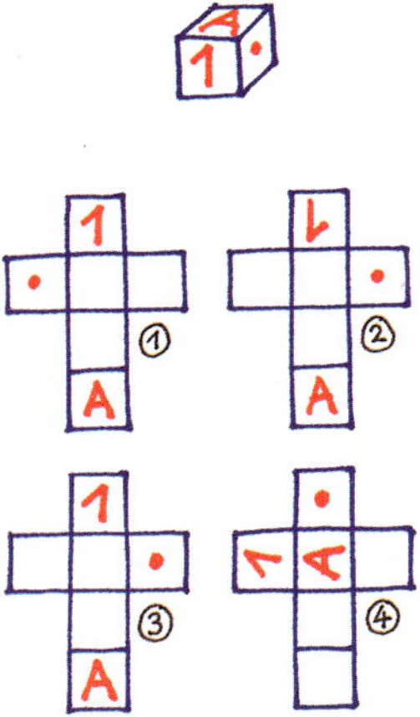

Lösung

Es sind 9 Ellipsen.

Aufgabe

Betrachten Sie dieses Bild eine Minute lang. Wie viele Ellipsen sehen Sie?

Lösung

Die Reihenfolge des Einlaufes ist:
Otto → Karl → Hans → Fritz

Man muss sich die einzelnen Aussagen ansehen und dann zuerst eine einfache Reihenfolge aufstellen, die dann immer vollständiger wird. (Der schnellere Läufer wird links angegeben.)

Hans läuft langsamer als Karl.
Karl → Hans

Hans läuft schneller als Fritz.
Karl → Hans → Fritz

Otto läuft schneller als Karl.
Otto → Karl → Hans → Fritz

Aufgabe

Vier Jungen machen einen Wettlauf.
Otto läuft schneller als Karl. Hans läuft schneller als Fritz, aber er läuft langsamer als Karl.

In welcher Reihenfolge kommen die Jungen ins Ziel?

Lösung

Die Reihen für die Anfangszahlen von 4 bis 10 lauten:

4, 6, 10, 18, 34, 66, 130

5, 8, 14, 26, 50, 98, 194

6, 10, 18, 34, 66, 130

7, 12, 22, 42, 82, 162

8, 14, 26, 50, 98, 194

9, 16, 30, 58, 114

10, 18, 34, 66, 130

Aufgabe

Die Regel einer Zahlenreihe lautet:

Von der Zahl subtrahiert man 1 und multipliziert das Ergebnis mit 2.
Die Anfangszahl soll 4 sein.

Sagen Sie diese Zahlenreihe auf, bis Sie zu einer Zahl gelangen, die größer als 100 ist.

Sie können die Aufgabe auch erweitern: Wählen Sie eine andere Anfangszahl, z. B. 5.

Come on, let's quiz again!

150 Quizfragen in englischer Sprache: vorne die Fragen, hinten die Antworten. Den Wortschatz spielerisch erweitern, im Urlaub oder zu Hause, allein oder zu mehreren. Für Kinder und Erwachsene!

Ragazzi – parlate Pocket-Quiz!

150 Quizfragen in italienischer Sprache:
vorne die Fragen, hinten die Antworten. Für Straßenbahn, Stau oder Hängematte! Spielerisch italienische Konversation lernen, auffrischen und vertiefen! Italienisch aktiv – für alle: Kinder und Erwachsene.

Lösung

Muster 4 ist das Spiegelbild des Grundmusters.

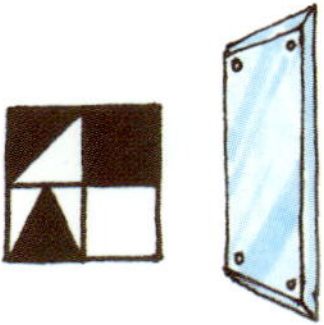

④

Aufgabe

Es ist ein Grundmuster angegeben. Dieses wird gespiegelt.

Welches der folgenden vier Muster ist sein Spiegelbild?

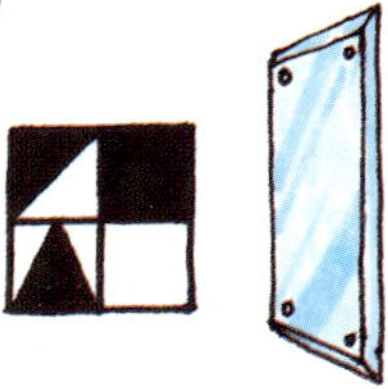

① 

 ②

③ 

 ④

Lösung

Die Aufgaben mit den ersetzten Rechenzeichen und ihre Lösungen lauten:

4	+	4	=	8
6	x	5	=	30
9	–	3	=	6
6	x	8	=	48
8	:	2	=	4
28	:	7	=	4
35	–	5	=	30
3	x	7	=	21
21	–	15	=	6
3	+	9	=	12
4	+	7	=	11
8	x	9	=	72
12	–	5	=	7
15	+	4	=	19
15	–	4	=	11

Aufgabe

Bei diesen Aufgaben sind die Rechenzeichen vertauscht.
Ersetzen Sie die vertauschten Rechenzeichen durch die richtigen!
+ ist zu ersetzen durch x (mal)
– ist zu ersetzen durch +
x ist zu ersetzen durch : (geteilt)
: ist zu ersetzen durch –
Versuchen Sie, die Aufgaben in einer Minute zu lösen.

4 – 4 =	6 + 5 =
9 : 3 =	6 + 8 =
8 x 2 =	28 x 7 =
35 : 5 =	3 + 7 =
21 : 15 =	3 – 9 =
4 – 7 =	
8 + 9 =	
12 : 5 =	
15 – 4 =	
15 : 4 =	

Lösung

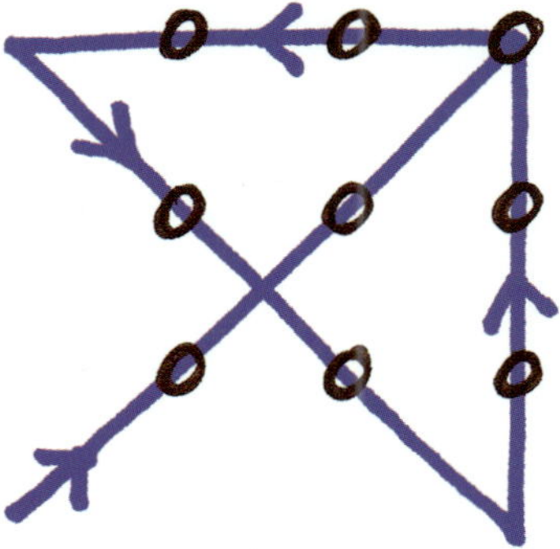

Aufgabe

Verbinden Sie bitte alle neun Punkte mit vier geraden Linien, wobei Sie den Stift aber nicht absetzen dürfen.

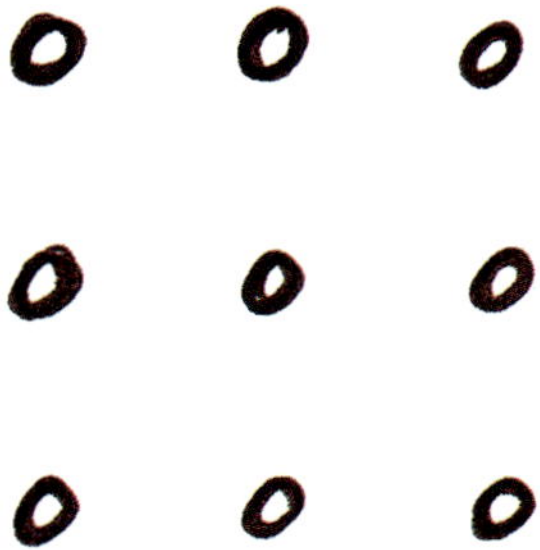

Lösung

Die Regel lautet:
Die Anfangszahl ist 1. Für die darauf folgende Zahl multipliziert man die Anfangszahl mit 3 und subtrahiert vom Ergebnis 1.

Die nächste Zahl heißt dann 365.

Aufgabe

Die Zahlen der nachfolgenden Zahlenreihe folgen einer bestimmten Regel.

Wie lautet sie und wie heißt dann die nächste Zahl?

1 • 2 • 5 • 14 •
41 • 122 • ....

Lösung

R	I	N	D
R	A	N	D
W	A	N	D
W	A	L	D
W	A	L	L

Aufgabe

Verändern Sie immer nur einen Buchstaben, sodass aus RIND das Wort WALL wird. Aber alle Wörter müssen einen Sinn ergeben.

R	I	N	D
?	?	?	?
?	?	?	?
?	?	?	?
W	A	L	L

Lösung

Zahl	Quer-summe	teilbar durch 3?
7315	**16**	**nein**
6591	**21**	**ja**
4581	**18**	**ja**
1101	**3**	**ja**
9996	**33**	**ja**
9876	**30**	**ja**
8765	**26**	**nein**
59956	**34**	**nein**
40159	**19**	**nein**
77733	**27**	**ja**

Aufgabe

Eine Zahl ist durch 3 teilbar, wenn ihre Quersumme auch durch 3 teilbar ist. (Die Quersumme einer Zahl ist die Summe aller Ziffern dieser Zahl). Welche der folgenden Zahlen ist durch 3 teilbar? Lösen Sie diese Aufgabe in einer Minute.

Beispiel

Zahl	Quersumme	teilbar durch 3?
7812	7+8+1+2=18	ja
7315		
6591		
4581		
1101		
9996		
9876		
8765		
59956		
40159		
77733		

Lösung

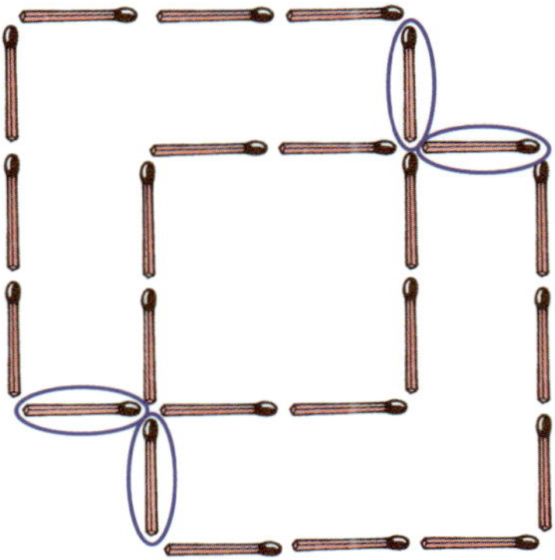

Aufgabe

Sie sehen eine Figur aus Streichhölzern.

Es sollen nun zwei gleich große Quadrate entstehen. Dabei dürfen Sie allerdings nur vier Streichhölzer umlegen.

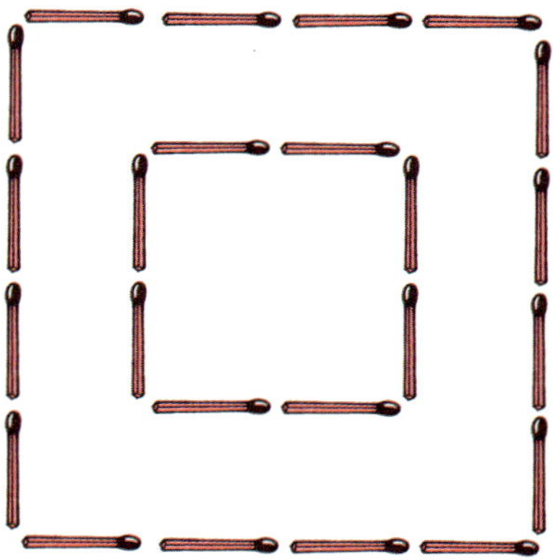

Lösung

Muster 5 unterscheidet sich von den übrigen. Dreht man die Muster so, dass der Kreis unter dem Quadrat liegt, so zeigt bei Muster 5 die freie Spitze des Dreiecks nach links und nicht nach rechts wie bei den übrigen Mustern.

Aufgabe

Hier geht es um die Erkennung von Strukturen. Sie sollen Gemeinsamkeiten der Muster erkennen und ein Muster dabei ausschließen. Die Muster können auch gedreht sein.

Welches der Muster gehört nicht in diese Reihe?

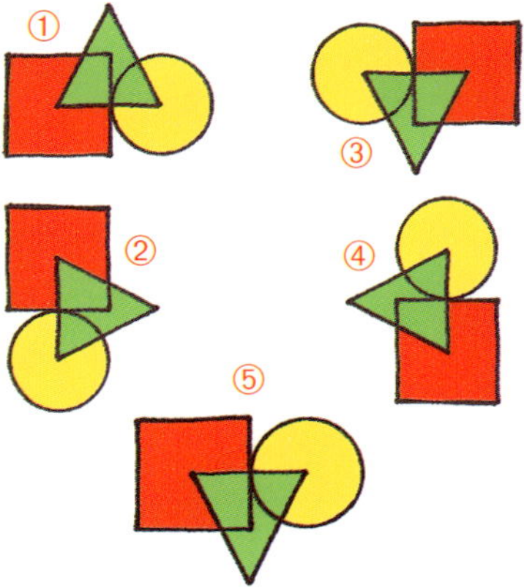

Hülser Straße 21-23
47906 Kempen
E-Mail: info@moses-verlag.de
www.moses-verlag.de
ISBN 3-89777-038-5

Text: Manfred Eichstedt
Illustration: Dusan Senkerik
Lektorat: Daniela Schönkes & Tanja Mues
Druck: InnoCard International GmbH

Führen Sie Ihre Sinne aufs Glatteis!

Eine junge Frau sieht plötzlich alt aus, und Wasser fließt stromaufwärts!? Nicht alle Informationen, die unsere Augen sehen, kann unser Gehirn ebenso verarbeiten. Unsere Sinne werden getäuscht und optische Illusionen sind schuld daran. Sie irritieren, verwirren und erheitern – mit Pocket-Quiz zu Hause und unterwegs, allein oder zu mehreren.

Lösung

1. Arm
2. Haus
3. Kaffee
4. Siedlung
5. Nase

Aufgabe

Um ein Wort zu codieren, kann man die einzelnen Buchstaben mit den Zahlen im Alphabet benennen (Das Alphabet hat 26 Buchstaben.), z. B. Haus = 8/1/21/19

Welche Wörter codieren folgende Ziffernfolgen:

1. 1 / 18 / 13
2. 8 / 1 / 21 / 19
3. 11 / 1 / 6 / 6 / 5 / 5
4. 19 / 9 / 5 / 4 / 12 / 21 / 14 / 7
5. 14 / 1 / 19 / 5

Lösung

Das Ergebnis lautet 85.

gggsdetrfg6cgbtzjuhhn4ffetf8hgtfdzhg3aj kökjhhhohrt3dfhg4dr1nbhjmdfmmmmm mh0fghj9fzhjg2fhgjh2jmfjtkfmds6figjksd mcvigmedme7fkerogmdpsmrngjaö9fdk-siasmgjdnskgg5gdkweieofäaqewgsgfxvf-her7dfksiasfengfkdsöfgdf3ddogjdfofjf-doss6

6+4+8+3+3+4+1+0+9+2+ 2 +6+7+9+5+7+3+6 = 85

Aufgabe

In einer Buchstabenkette sind Zahlen enthalten. Konzentrieren Sie sich nur auf die Zahlen und addieren Sie diese! Dazu haben Sie eine Minute Zeit. Wie heißt das Ergebnis?

gggsdetrfg6cgbtzjuhhn4ffetf8hgtfdzhg3aj
kökjhhhohrt3dfhg4dr1nbhjmdfmmmmm
mh0fghj9fzhjg2fhgjh2jmfjtkfmds6figjksd
mcvigmedme7fkerogmdpsmrngjaö9fdk-
siasmgjdnskgg5gdkweieofäaqewgsgfxvf-
her7dfksiasfengfkdsöfgdf3ddogjdfofjf-
doss6

Lösung

6 + 4 = 10

Aufgabe

Legen Sie ein Streichholz um, damit die Rechnung stimmt!

Lösung

Element Nr. 2 ist in der Linie vorhanden.

②

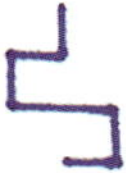

Aufgabe

Sie sehen hier eine komplizierte Linie. Links neben der Linie sind einzelne Elemente gezeichnet.

Finden Sie heraus, welches der Elemente 1-4 Bestandteil der Linie ist!

①

②

③

④

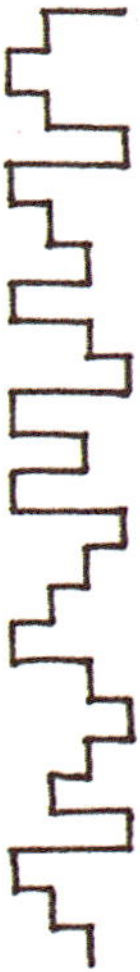

Lösung

1. Karussell
2. Rhythmus
3. unentgeldlich
4. Känguru
5. ins Ungeheure

Aufgabe

Welches ist die richtige Schreibweise?
Dabei soll die neue Rechtschreibung angewendet werden.

1. Karussel / Karrussel / Karusel / Karussell

2. Rythmus / Rhythmus / Rytmus / Rhytmus

3. unentgeldlich / undentgeldlich / unendgeldlich / untendgeltlig

4. Känguruh / Känguru / Khänguru / Kenguru

5. ins ungeheure / ins Ungeheure / ins ungehäure / ins Ungehäuere

Lösung

6	7	2
1	5	9
8	3	4

Aufgabe

Ordnen Sie die Zahlen 1 bis 9 in das untere Quadrat!

Beachten Sie folgende Regel: Zählt man alle Zahlen einer Zeile, einer Spalte oder einer Diagonalen zusammen, so muss immer die Zahl 15 herauskommen.

Lösung

Intuitiv versucht man, ein Quadrat zu legen, bei dem jede lange Seite eines Stabes eine Seite des Quadrates bildet. Es ist aber nicht vorgegeben, wie groß das Quadrat sein soll.

Bei der Lösung ergibt sich ein Quadrat durch den Raum, den die Schmalseiten der Stäbe bilden.

Aufgabe

Legen Sie einen der Stäbe um, sodass ein Quadrat entsteht!

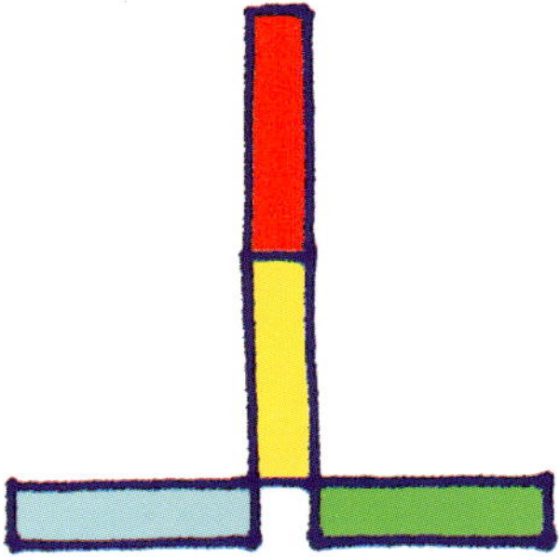

Lösung

Die Quadrate 2 und 5 sind gleich.
Dabei ist Nummer 5 um 180° gedreht.

②

⑤

Aufgabe

Hier geht es um die Erkennung gleicher Strukturen. Zwei der abgebildeten Quadrate sind gleich. Achtung: Sie können auch gedreht sein.
Um welche beiden handelt es sich?

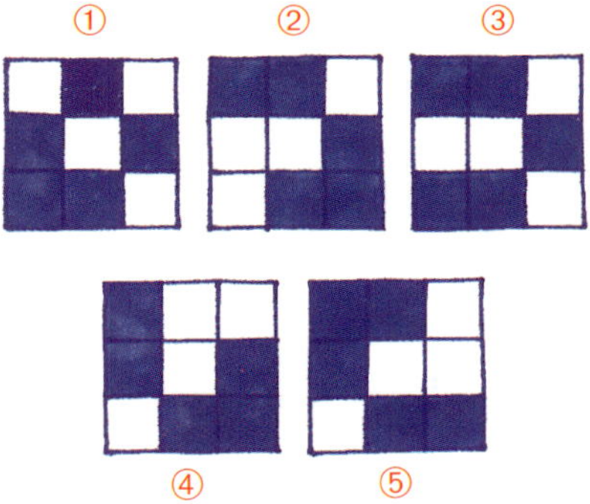

Lösung

Es handelt sich hier um das sogenannte hydrostatische Paradoxon:

Der Wasserspiegel in allen Gefäßen ist gleich hoch. Er ist nicht von der Gefäßform abhängig.

Aufgabe

Hier sehen Sie ein großes Wassergefäß und mehrere verschieden geformte Wassergefäße, die mit dem großen Gefäß verbunden sind.

Man füllt den großen Behälter mit Wasser. Wie hoch steigt der Wasserspiegel in den anderen Gefäßen?

Lösung

Beispiel: Flussnamen

Ruhr - Rhein - Nida - Amazonas - Saale - E ....

Aufgabe

Bilden Sie eine Wortkette nach folgendem Muster:

Beispiel: Städtenamen

Hamburg-Goslar-
Regensburg-Gera-
A....

Sie haben für die ersten zehn Begriffe eine Minute Zeit.
Sie können die Aufgabe auch erweitern: Wählen Sie eine andere Wortkette: z. B. Freunde, Straßennamen, Länder, ...
Sie können die Zeit auch verkürzen.
Auf der Rückseite finden Sie ein weiteres Beispiel.

Lösung

Insgesamt sind es vier falsche Rechnungen. Hier sind die Aufgaben mit den richtigen Lösungen angegeben.

2. $12 \times 4 - 5 = 43$
6. $21 - 7 + 4 \times 5 = 34$
9. $17 \times 5 - 4 \times 3 = 73$
10. $18 : 6 + 2 \times 9 = 21$

Aufgabe

Hier folgen einige Rechenaufgaben. Aber nicht alle Lösungen sind richtig.

Finden Sie bitte innerhalb einer Minute die falschen heraus!

1. $3 \times 4 + 2 = 14$
2. $12 \times 4 - 5 = 42$
3. $37 - 3 \times 7 = 16$
4. $99 - 9 + 19 - 29 + 39 = 119$
5. $1 + 2 + 3 + 4 + 5 + 6 + 7 + 8 + 9 = 45$
6. $21 - 7 + 4 \times 5 = 37$
7. $35 : 7 + 60 : 12 = 10$
8. $23 + 32 + 24 - 34 = 45$
9. $17 \times 5 - 4 \times 3 = 63$
10. $18 : 6 + 2 \times 9 = 19$

Lösung

Es sind drei Personen, die in den Wald gehen:
Der Großvater, der Vater und der Sohn.

Dabei ist ja der Vater der Sohn des Großvaters und dieser ist sein Vater. Der Vater wird also doppelt gezählt.

Aufgabe

Zwei Väter und zwei Söhne gehen in den Wald. Jeder schießt einen Hasen. Zusammen schießen sie drei Hasen.

Wie ist das möglich?

Lösung

<u>Beispiel</u> für Ihre Einkaufsliste:

Milch
Erdbeeren
Zucker
Bohnen

Sie können sich folgendes Bild vorstellen:

Auf einem Milchsee schwimmen Erdbeeren mit Zuckerhauben. Am Ufer des Sees steht eine Bohnenstange.

Aufgabe

Sie wollen Ihren Wochenendeinkauf tätigen, haben aber wie immer Schwierigkeiten, sich alles zu merken. Versuchen Sie doch mal, sich ein Bild auszudenken, in dem alles vorhanden ist, was Sie einkaufen wollen!

Ihre Einkaufsliste ist:

Öl
Yoghurt
Salami
Käse
Packpapier

Auf der Rückseite finden Sie ein Beispiel.

Lösung

Richtig ist a.

Beim Flaschenzug teilt man die Gewichtskraft der Last durch die Anzahl der Seilstücke, an denen die Last hängt (hier zwei Seilstücke) und erhält so die Kraft, die zum Hochziehen benötigt wird.

Aufgabe

Sie sehen hier einen Flaschenzug, der dafür benutzt wird, schwere Lasten zu heben. Sie wollen einen Sandsack, der ein bestimmtes Gewicht hat, hochheben.

Mit welcher Kraft müssen Sie am Seil ziehen?

Mit einer Kraft, die

a) um die Hälfte kleiner ist

b) um ein Drittel kleiner ist

c) um das Doppelte größer ist

als die Gewichtskraft?

Lösung

Beispiel:

Was ist eine „Eustromata“?

Eine „Eustromata“ ist eine Maschine, die Zwiebeln schält, ohne dabei zu weinen.

Aufgabe

Erfinden Sie Wörter und geben Sie für diese Wörter möglichst witzige, aber nicht zu unsinnige Erklärungen.

Was ist ein: Plumentar?
Maradam?
Puntiac?
Klastur?
Akabaka?

Auf der Rückseite finden Sie ein Beispiel.

Lösung

Angegeben ist das exakte Ergebnis und der Spielraum von 10 %.

1.	142.973
+/- 10%	von 128.676 bis 157.270
2.	31.211
+/-10%	von 28.090 bis 34.332
3.	952.836
+/- 10%	von 857.552 bis 1.048.119
4.	48
+/- 10%	von 43 bis 53
5.	627
+/- 10%	von 564 bis 690

Aufgabe

Rechnen Sie nicht aus!
Schätzen Sie das Ergebnis.

Sie haben gut geschätzt, wenn Ihr Ergebnis +/- 10 % des richtigen Ergebnisses entspricht.

1. 33.978 + 75.996 + 32.999
2. 77.897 – 40.687 – 5.999
3. 1.758 x 542
4. 576 : 12
5. 497 + 598 - 468

Lösung

Die Antwort lautet: Der Mensch.

Am Morgen seines Lebens, wenn er jung ist, krabbelt er als Baby auf allen vieren, am Tag – als Erwachsener – geht er auf zwei Beinen und am Abend seines Lebens geht er mit einem Krückstock auf drei Beinen.

Aufgabe

Dieses Rätsel stellte die Sphinx an Ödipus:

***„Am Morgen geht es auf vier Beinen,
am Tag auf zwei Beinen und
am Abend auf drei Beinen.“***

Was ist das?

Lösung

Beantworten Sie bitte folgende Fragen:

1. Wer erhält den blauen Durchschlag?

2. Wie alt ist Herr Otto?

3. Wie viele Positionen enthält die Checkliste?

4. Was war der Arbeitsbereich von Herrn Otto vor seiner jetzigen Tätigkeit?

5. Aus welcher Stadt kommt Herr Otto?

Aufgabe

Lesen Sie bitte diesen Bericht nur einmal gut durch, Sie müssen hinterher einige Fragen beantworten!

Herr Otto ist ein 45jähriger Kfz-Sachverständiger aus Bielefeld. Sein jetziger Aufgabenbereich ist die technische Überwachung von Omnibussen, davor war er für die Begutachtung eingeführter Kraftfahrzeuge zuständig.
Er arbeitet zwei Stunden an einem Omnibus, um alle wesentlichen Teile auf die Funktionsfähigkeit zu überprüfen. Dabei benutzt er eine Checkliste, die 53 einzelne Positionen enthält. Bei der Durchführung muss er drei Kopien anfertigen, wobei der blaue Durchschlag in der Verwaltung verbleibt und der rote der Betreiberfirma des Busses übersandt wird.

Lösung

Zahnrad Nummer 4 dreht sich im Uhrzeigersinn.

Aufgabe

Verstehen Sie etwas von Technik?
Hier sind mehrere miteinander in Verbindung stehende Zahnräder. In welche Richtung dreht sich Zahnrad Nummer 4, wenn Zahnrad Nummer 1 gegen den Uhrzeigersinn gedreht wird?

Lösung

Beispiel:

Hosenträger

Ein Hosenträger hält sehr gut,
da er es für die Hose tut.
Wäre er nicht so stabil,
die Hose herunterfiel.

Aufgabe

Erfinden Sie Vierzeiler über folgende Begriffe!
Es wäre umso besser, wenn sich die Zeilen reimen würden.
Auf der Rückseite finden Sie ein Beispiel.

Suppenlöffel
Fleischer
Zeitung
Schule

Lösung

Es gibt drei Lösungen, wobei allerdings die Zahlen der ersten Zeile und der ersten Spalte gleich bleiben.

9	+	9	=	18
+		+		+
1	+	4	=	5
=		=		=
10	+	13	=	23

oder

9	+	9	=	18
+		+		+
1	+	5	=	6
=		=		=
10	+	14	=	24

oder

9	+	9	=	18
+		+		+
1	+	6	=	7
=		=		=
10	+	15	=	25

Aufgabe

Ersetzen Sie die Symbole durch Ziffern, sodass jede Rechnung stimmt.

Es ist möglich, dass es mehrere Lösungen gibt. Wie viele gibt es denn?

Lösung

Nach 59 Minuten füllen die Bakterien die Hälfte des Behälters aus.

Die Lösung erhält man, indem man zurückrechnet: Nach 60 Minuten füllen die Bakterien den gesamten Behälter aus. Eine Minute vorher (also nach 59 Minuten) füllen sie die Hälfte aus, denn wenn sie sich in der letzten Minute verdoppeln, füllen sie dann den ganzen Behälter aus.

Aufgabe

Bakterien vermehren sich durch Zellteilung: Aus einer Bakterie entstehen in einer Minute zwei der gleichen Größe. Nach 60 Minuten füllen die Bakterien den gesamten Behälter aus.

Wie lange dauert es, bis die Bakterien die Hälfte des Behälters ausfüllen?

Lösung

1. Schleuse
2. Wurzel
3. Kreis
4. Länge
5. Zahl

Aufgabe

Beispiel für eine Wortanalogie:
Nase verhält sich zu riechen wie Zunge zu ...?
Sie können als Antwort unter verschiedenen Möglichkeiten wählen:
schmecken / beißen / schnalzen / lecken

Lösung:
Nase verhält sich zu riechen wie Zunge zu schmecken.

Finden Sie nun das richtige Wort!

1. Haus zu Treppe wie Fluss zu ...?
   Quelle / Wasser / Schleuse / Mündung
2. Mensch zu Bein wie Baum zu ...?
   Ast / Wurzel / Blatt / Blüte
3. Gerade zu Dreieck wie Kurve zu ...?
   Kreis / Viereck / Winkel / Würfel
4. Minute zu Zeit wie Meter zu ...?
   Zentimeter / Länge / Maßeinheit / Zollstock
5. Buchstabe zu Wort wie Ziffer zu ...?
   Summe / Zahl / Ergebnis / Mathematik

Lösung

Das Viereck kann nur aus den Elementen 1, 2 und 4 gelegt werden.

Element 3 kann dafür nicht verwendet werden.

Aufgabe

Sie sollen aus drei Teilen ein Viereck mit 16 Kästchen legen. Welches der vier abgebildeten Elemente können Sie dafür nicht verwenden?

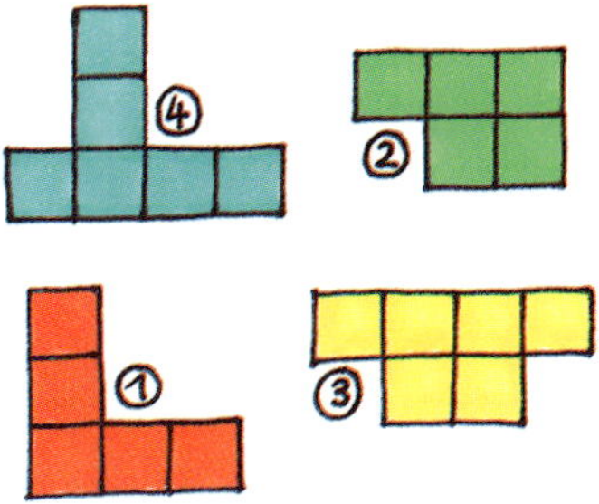

Lösung

Beispiel:

Mama, warum ist es nachts dunkel?
Pauline, das ist so, weil die Sonne untergegangen ist und man sie nicht mehr sehen kann.

Aber warum?
Weil nachts die Sonne auf der anderen Seite der Erde ist.

Warum können wir sie denn dann nicht mehr sehen?
Weil die Erde eine Kugel ist, und man nicht von der einen Seite der Erde zur anderen sehen kann.

Was ist eine Kugel?
Der Fußball ist zum Beispiel eine Kugel.

...

Aufgabe

Kinder fragen bekanntlich viel und gerne. Versuchen Sie folgende Begriffe so einfach wie möglich einem Kind, das noch nichts von der Welt weiß, zu erklären. Wenn Sie denken, dass Ihre Erklärung ausgereicht hat, so stellen Sie sich vor, dass das Kind nicht alle Wörter und Begriffe Ihrer Erklärung verstanden hat. Erklären Sie nun bitte diese Begriffe. Oder Sie antworten auf die unvermeidliche Kinderfrage: „Warum ist das so?"

Erklären Sie folgende Begriffe:

Briefkasten

Thymianhonig

Squash

Ampel

Ferien

Auf der Rückseite finden Sie ein Beispiel.

Lösung

Mit beiden kann man etwas aufnehmen, entweder einen Film oder Schmutz.

Aufgabe

Um die Ecke gedacht.

Was haben eine Videokassette und ein Wischtuch gemeinsam?

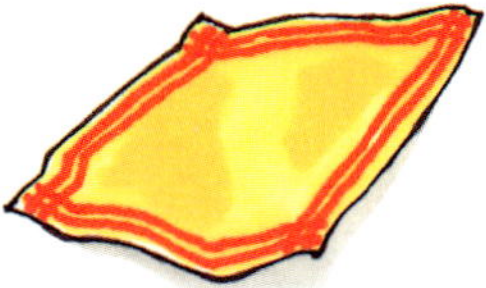

Lösung

1. DEG
2. DFH
3. KJI
4. RRT

Aufgabe

Die folgenden Buchstabenreihen sollen ergänzt werden.

Beispiel:

ABC • DEF • GHI • JKL • MNO

Finden Sie nun die nächste Kombination!

ABD • BCE • CDF • ???

ACE • BDF • CEG • ???

NML • MLK • LKJ • ???

OOQ • PPR • QQS • ???

Lösung

Beantworten Sie folgende vier Fragen:

1. Wie kommt man von der Kobe Schule zum Rathaus?

2. In welche Straßen kann man von der Ostallee einbiegen?

3. Wie viele Straßenbrücken gibt es über der Wandse?

4. Beschreiben Sie, wie man von der Hemreihe zum Pösselweg kommt!

Aufgabe

Sehen Sie sich den Stadtplan eine Minute an und prägen Sie sich so viele Einzelheiten wie möglich ein! Sie müssen dann einige Fragen beantworten.

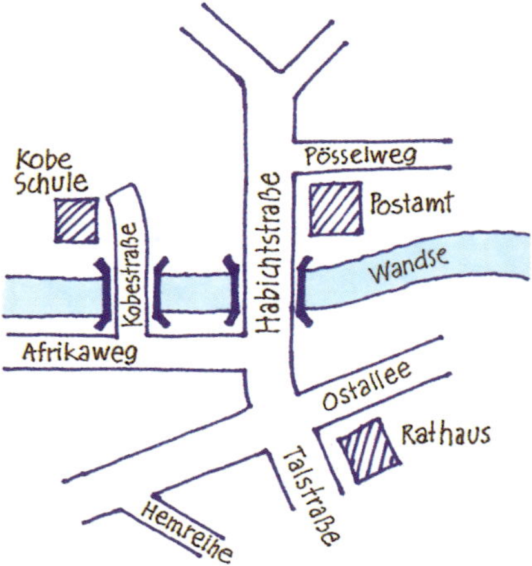

Lösung

Aufgabe

Sehen Sie sich das Labyrinth an. Versuchen Sie nur mit den Augen einen Weg vom Start zum Ziel zu finden. Leider haben Sie dafür nur eine Minute Zeit.

Sie können auch die Aufgabe erweitern: Drehen Sie das Bild und versuchen Sie es erneut.

Lösung

Beispiel:

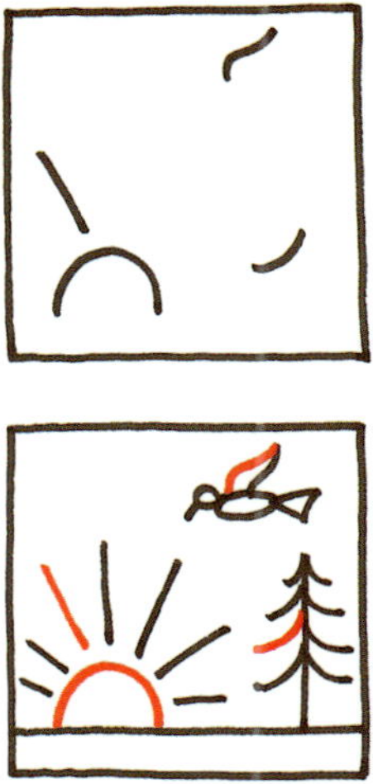

Aufgabe

In dem Kästchen sehen Sie einige gerade und gebogene Linien.
Nehmen Sie sich ein Blatt Papier und vervollständigen Sie diese Striche zu einer Zeichnung.

Auf der Rückseite finden Sie ein Beispiel.

Lösung

Post → A → C → B

Hier sind die Zeiten für die einzelnen Wege:

3	+	9	+	2	=	14
P	→	A	→	B	→	C
3	**+**	**5**	**+**	**2**	**=**	**10**
P	**→**	**A**	**→**	**C**	**→**	**B**
4	+	9	+	5	=	18
P	→	B	→	A	→	C
4	+	2	+	5	=	11
P	→	B	→	C	→	A
7	+	5	+	9	=	21
P	→	C	→	A	→	B
7	+	2	+	9	=	18
P	→	C	→	B	→	A

Aufgabe

Sie müssen die Post in einer Siedlung mit drei Häusern austragen. Natürlich wollen Sie so wenig Zeit wie möglich dafür gebrauchen. Welchen Weg schlagen Sie ein?

Als Information haben Sie die Zeiten für die Wege zwischen dem Postamt und den einzelnen Häusern der Siedlung in Minuten. Sie starten am Postamt und am Ende sollen Sie vor dem letzten Haus stehen und nicht zum Postamt zurückgehen.

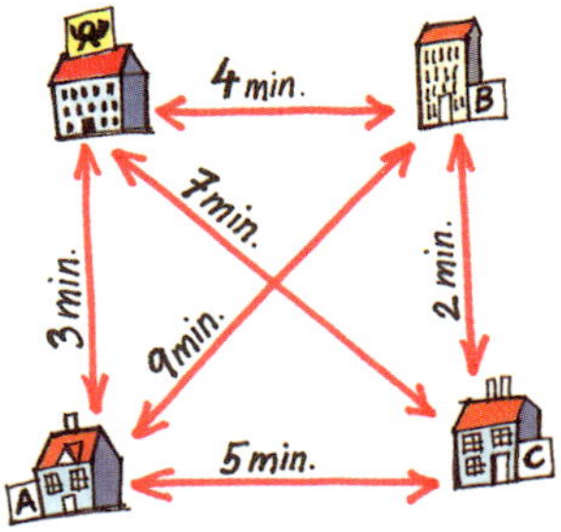

Lösung

Die Regel lautet:
Die linke Zahl wird mit 7 multipliziert und dann wird 1 addiert.

Die gesuchte Zahl heißt: **22**

Aufgabe

Finden Sie die Regel, nach der die rechte Zahl aus der linken ausgerechnet wird. Ergänzen Sie dann die letzte Zahl auf der rechten Seite.

5 → 36

7 → 50

8 → 57

3 → ?

Lösung

Aufgabe

Vergleichen Sie das Original mit der Fälschung und finden Sie elf Fehler!

Lösung

Nach zweimaliger Drehung ergibt sich das Bild Nr. 2.

Aufgabe

Sie sehen einen Würfel und eine Drehachse, die durch den Würfel verläuft. Drehen Sie nun den Würfel in Gedanken zweimal um 90° im Uhrzeigersinn.

Wie sieht dann der Würfel aus? Entscheiden Sie sich für eine der vier Möglichkeiten.

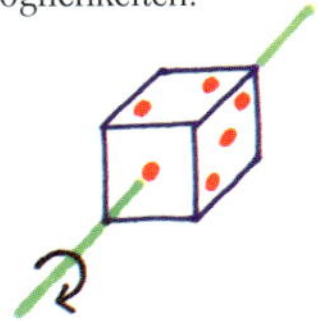

① 

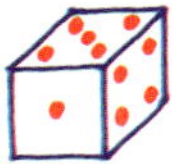 ②

③ 

 ④

Lösung

10 Beispiele für Wörter mit „Ke..."

keck

Kefir

Kegel

Kehre

keifen

Keil

Keller

kentern

Kern

Kerze

Aufgabe

Nennen Sie innerhalb einer Minute so viele Wörter, die ihnen einfallen und mit „Ke..." beginnen. Dabei ist die Groß- oder Kleinschreibung unwichtig.

Sie können auch die Aufgabe erweitern: Kürzen Sie die Zeit oder nehmen Sie eine andere Buchstabenkombination, wie z. B. „Ka..." oder „Bu..."

Lösung

Erforderlich sind nur zwei Wägungen.

Lösungsweg:
Sie legen je drei Kugeln zusammen auf die linke und rechte Waagschale. Ist die Waage im Gleichgewicht, so ist die leichtere Kugel unter den letzten drei zu suchen. Ist eine Waagschale höher als die andere, so ist die leichtere Kugel unter den dreien auf der höheren Waagschale zu suchen. Auf alle Fälle wissen Sie nun, unter welchen drei Kugeln die leichtere zu finden ist.
Diese drei Kugeln teilen Sie jetzt auf: Eine Kugel legen Sie beiseite und die anderen beiden auf jeweils eine Waagschale. So finden Sie nun die leichtere Kugel heraus.

Aufgabe

Sie haben neun Kugeln, die von außen alle gleich aussehen, nur eine von ihnen ist etwas leichter, alle anderen sind gleich schwer. Als Hilfsmittel haben Sie eine Waage mit zwei Waagschalen.

Mit wie vielen Wägungen können Sie herausfinden, welche der Kugeln die leichtere ist?

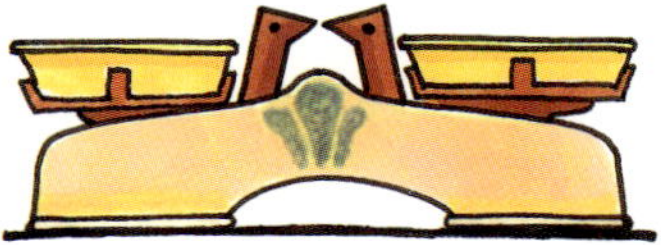

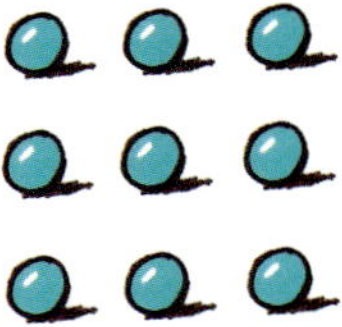

Lösung

Nr. 2 ist das nächste Symbol.

Die Symbole werden immer um 90° nach links gedreht.

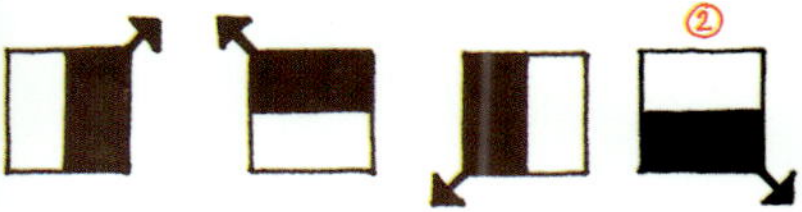

Aufgabe

Hier ist eine Reihe von Symbolen angeordnet. Finden Sie das nächste Symbol! Wählen Sie dazu aus der 2. Reihe das richtige aus.

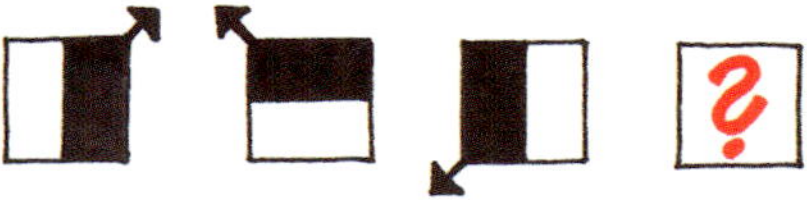

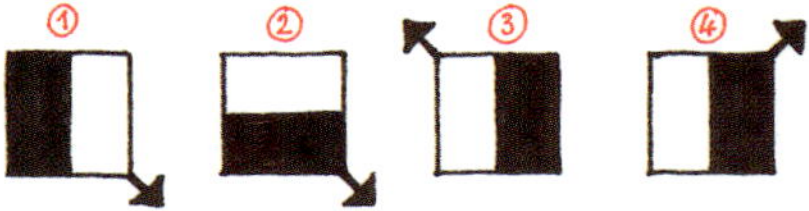

Lösung

Es handelt sich hierbei um die erste Strophe des Gedichtes *Sehnsucht* von Joseph von Eichendorff (1788-1857). Eichendorff gilt als einer der Hauptvertreter der spätromantischen Lyrik in Deutschland. Seine Gedichte sind von dem Motiv der Sehnsucht geprägt, das sich hier als Lust in die Ferne zu reisen ausdrückt.

Aufgabe

Lernen Sie bitte diesen Text auswendig!

Es schienen so golden die Sterne,
Am Fenster ich einsam stand
Und hörte aus weiter Ferne
Ein Posthorn im stillen Land.
Das Herz mir im Leib entbrennte,
Da hab' ich mir heimlich gedacht:
Ach, wer da mitreisen könnte
In der prächtigen Sommernacht!